Biohacking für Einsteiger

Programmieren Sie Ihren Körper auf Bestleistung

Mehr Energie, laserscharfer Fokus, bessere Konzentration und ein unbezwingbares Immunsystem durch Selbstoptimierung

Maximilian Reitmeyer

INHALT

Das erwartet Sie in diesem Buch

Sind auch Sie vom Alltag gestresst und haben häufige Tiefpunkte im Laufe der Woche? Fühlen Sie sich unwohl in Ihrem Körper und sind Sie unzufrieden mit Ihrem Leben? Haben auch Sie das Gefühl, nicht auf dem Höhepunkt Ihres Selbst zu sein, leiden Sie unter Schmerzen oder Depressionen und schaffen es allein aus diesem Trott nicht heraus? Damit sind Sie nicht allein. Wenn es Ihnen so geht wie mir und vielen anderen vor einiger Zeit, möchte ich Sie herzlich willkommen heißen in der Welt des Biohackings. Es ist eine Welt voller Selbstverwirklichung, in der Träume und Ziele noch immer einen Platz haben. Sie brauchen keine teuren Geräte, anstrengende Diäten oder selbst ernannte Lifestyle-Gurus, die einen Haufen Geld kosten, um Ihnen vorzuschreiben, wie ein lohnendes Leben aussieht. Alles, was Sie brauchen, um glücklicher und zufriedener zu werden, besitzen Sie bereits. Um ein erfülltes Leben zu führen, benötigen Sie lediglich Ihren Körper und Ihren Geist.

Das Biohacking setzt genau dort an – mithilfe von Wissen aus den verschiedenen Naturwissenschaften wie der Biologie. Sie bekommen einen Ratgeber an die Hand, welchen Sie selbst weiterführen und optimieren können, Sie lernen, auf Ihre Bedürfnisse zu hören, den Körper zu verstehen und mit diesem Wissen zu verändern, um damit Ihr vollkommenes Potenzial auszuschöpfen.

Was ist Biohacking?

DEFINITION

Biohacking setzt sich aus dem Wort Bio, womit die Biologie gemeint ist, sowie dem Wort Hacking, welches entschlüsseln bedeutet, zusammen. Es handelt sich dabei um verschiedene Eingriffe in den Organismus, welche sowohl auf biologischer als auch auf technischer oder chemischer Ebene erfolgen können. Allen Ebenen ist ein Ziel, welches sie verfolgen, gemein: die Veränderung zur Verbesserung. Ganz nach dem Motto Do-it-Yourself werden Ihnen Leitfäden an die Hand gegeben, mit denen Sie Ihren eigenen Körper genau kennenlernen, beobachten und schlussendlich auch verstehen. Dieses Wissen wird genutzt, um Ihr Wohlbefinden gezielt zu verbessern, denn jeder von uns ist anders und besitzt andere Bedürfnisse, die es zu entschlüsseln gilt. Dabei werden wissenschaftliche Studien und Errungenschaften effizient genutzt, auf den eigenen Körper übertragen und somit die Lebensgeister neu geweckt.

WAS BEWIRKT ES?

Der Begriff des Hackings wird häufig in der IT-Sprache verwendet. Bei den sogenannten Hackern handelt es sich um Personen, welche verschiedene Programme entschlüsseln und aufknacken, um sie nach ihren Wünschen zu verändern. Das Biohacking funktioniert ähnlich, jedoch wird anstatt des Computers oder der Technik der eigene Körper gehackt. Diese Entschlüsselung ermöglicht ein gezieltes Eingreifen in den Organismus und seine Prozesse, um bewusst vorteilhafte Veränderungen herbeizuführen. Im Grunde geht es darum, die biologischen Prozesse in unserem Körper zu optimieren und die ideale Version von diesem zu erlangen. Es dauert einige Zeit, seinen Körper verstehen zu lernen, doch der Gewinn eines besseren allgemeinen Wohlbefindens und ein glücklicheres sowie gesünderes Leben zu erlangen, ist es wert.

Biohacking: Fakt oder Fiktion?

NACHFORSCHUNGEN

Viele Menschen sind bereits auf den Zug des Biohackings aufgesprungen und sprechen von einer revolutionären und bahnbrechenden Welle von Selbstoptimierungsmöglichkeiten. Die Neurowissenschaftlerin Kristen Willeumier aus den USA sieht das Biohacking als eine Möglichkeit an, für immer schlau zu sein. Es ermöglicht ein schnelleres und besseres Denken, schafft konzentrierteres Arbeiten und hilft sogar, verschiedenen geistigen Krankheiten vorzubeugen. Auch Mark Moschel, ein Partner der Health Evangelist AG, sowie der Sportmediziner

Wilhelm Block sehen in der Form des Biohackings enorme Möglichkeiten. So erklärt Mark Moschel, was Biohacker vom Rest der Selbstoptimierungswelt unterscheide, sei ihr systemischer Zugang zu unserer eigenen Biologie, dies birgt viele Vorteile und liegt in wissenschaftlichen Studien begründet.

Wilhelm Block besitzt als Sportmediziner einen anderen Blickwinkel und nutzt die Techniken des Biohackings in einer eigenen Studie bezüglich einer Fastenkur. Durch das Hochleistungstraining gepaart mit der Zufuhr von geringen Kalorienmengen produziert der Körper Stresshormone, welche zu einer Entgiftung führen und das System nachhaltig verändern. Bei einem Großteil der Studienteilnehmer hat sich nachträglich der Stoffwechsel umgestellt und der Körper hat angefangen, die Nährstoffe anders zu verarbeiten und damit vorteilhafter zu nutzen.

Man muss also kein Magier sein, um seinen Körper verstehen und lieben zu lernen, und es benötigt keine teuren Medikamente, um etwas zu verändern. Schmerzen können gelindert, Magenprobleme behoben und Depressionen sowie Tiefpunkte verarbeitet werden. Die Veränderung beginnt im Kopf, ein starker Geist herrscht über den Körper und formt ihn zu seinen Vorteilen um. In der Welt des Biohackings gibt es bloß die Grenzen, welche Sie sich selbst auferlegen, und diese können stetig überwunden werden.

ERFAHRUNGSBERICHTE / SELBSTTESTS

In diesem Kapitel habe ich mich dazu entschieden, Ihnen ein paar Namen und Quellen von Personen anzugeben, welche das Biohacking getestet und darüber berichtet haben. Auch sie waren Anfänger und haben mit einigen Hilfestellungen ihren Weg zur Optimierung gefunden. Beginnen möchte ich dabei mit Beatrice Graf, welche über ihren Selbsttest in der Vogue berichtet.

Frau Graf hat sich einem 24-Stunden-Selbsttest unterzogen und wurde von einem langjährigen Biohacker zuvor mit einigen Hacks versorgt und angeleitet. Sie hat einen Umsetzungsplan für den ganzen Tag bekommen, bei denen die ausgewählten Hacks problemlos in ihren Alltag integriert wurden. Als Fazit ihres Selbsttests gibt sie an, die Challenge habe sie zuerst an den Biologie-Unterricht in der Schule erinnert, nur habe sie jetzt einen praktischen Zugang zu ihrem Körper gefunden. In Zukunft hat sie somit ein größeres Verständnis dafür, schneller und besser fit zu werden, besser in Form zu kommen, und weiß nun, wie man sein Energieniveau täglich erhöhen kann. Aus diesem Fazit kann man den Entschluss der weiteren Lebensweise mithilfe von Biohacking-Methoden herauslesen sowie die Begeisterung über die neu errungenen Möglichkeiten.

Auch Lisa Adrian hat einen 24-Stunden-Selbsttest durchgeführt, welcher im Detail in der Cosmopolitan nachzulesen ist, sowie Juliane Hemmerling: Ihre Erfahrung wird in der Women's Health erläutert. Lisa Adrian erklärt das Biohacking als eine Selbstoptimierung, bei der man 24 Stunden am Tag versucht, das Beste aus sich herauszuholen, und das jeden Tag, sogar montags.

Was ihr besonders an den Methoden des Biohackings gefällt, sind die Freiheiten. Es gibt keine festen Pläne, an die man sich strikt halten muss. Wer einen positiven Effekt verspürt, bleibt bei den gewählten Hacks, ansonsten fängt man etwas Neues an. Die in großer Anzahl vorhandenen Methoden, welche das Biohacking vereint, ermöglichen es, den richtigen Weg für jeden zu finden. Es wird nichts aufgezwungen oder verlangt, man entscheidet selbst, wann, wo, wie oft und was man tun möchte. Frau Adrian ist der Meinung, dass in jedem von uns bereits ein Biohacker steckt und es sehr viel Spaß macht, ihn herauszukitzeln. Auch

Juliane Hemmerling empfand ihren Selbsttest als großen Erfolg, da auch sie die Vorteile erkannt und gelernt hat, ihren Körper zu verstehen. Kleine unproblematische Veränderungen bewirken schon viel und das ist genau ihr Ding, auch hat sie vor, das Biohacking weiterzuführen, und ist schon gespannt darauf, wie gut sie noch wird. Die vielen Freiheiten und Methoden geben viel Freiraum und Entfaltungsmöglichkeit. Sie sind problemlos in den Alltag integrierbar und verhelfen schon nach kürzester Zeit zu einer Verbesserung in den unterschiedlichen Lebenslagen.

VON EINSTEIGERN FÜR EINSTEIGER

Zusätzlich zu den Erfahrungsberichten aus dem letzten Kapitel möchte ich Ihnen auch in diesem hier einige Worte näherbringen, welche aus der Community des Biohackings stammen und die Ihnen dabei helfen werden, eine Entscheidung für Ihr weiteres Leben zu treffen. Auch, wenn es beim Biohacking um den eigenen Körper geht und viele Methoden zur Verfügung stehen, welche unglaubliche Freiheiten ermöglichen, sollte man auch diese Art der Selbstoptimierung nicht unterschätzen. Es wird einige Zeit dauern, bis man das richtige Verständnis für den Körper entwickelt und die Prozesse des Organismus genauer zu entschlüsseln lernt. Auch wenn grundlegende Bedürfnisse bei jedem Menschen gleich sind, so unterscheiden wir uns in einigen Aspekten stark voneinander. Es ist wichtig, den Fokus zu behalten und mit der Zeit zu erspüren, was gut für den eigenen Körper ist und was nicht. Dies geht nicht von heute auf morgen, auch diese Tatsache sollte Ihnen klar sein. Niemand verändert sich innerhalb von einem Tag auf den anderen grundlegend, es bedarf auch beim Biohacking Zeit und Ausdauer.

My Food Nature berichtet aus eigener Erfahrung heraus genau das: Es bedarf Können und Ausdauer, aber es ist möglich und für jeden Menschen zu schaffen. Mit der Zeit wird es immer einfacher werden und man dringt weiter vor in die Welt des Organismus und weiß, ihn zu unterstützen. Man sollte also nicht gleich aufgeben, wenn etwas nicht sofort gut läuft. Auch das Fahrradfahren wurde nicht an einem Tag gelernt. Es bedarf Zeit und Willensstärke. My Food Nature behauptet in diesem Fall, wenn man etwas 6 Wochen regelmäßig macht, wird es anschließend immer leichter fallen, es zu tun, als es nicht zu tun. Dieser Behauptung stimme ich zu; die Gewohnheit ist eine starke Eigenschaft, welche Sie sich zunutze machen können.

Wer über einen längeren Zeitraum einer Tätigkeit nachkommt, wird diese später als selbstverständlich ansehen. Doch auch hier gilt das Sprichwort: In der Ruhe liegt die Kraft. Man sollte sich nicht überfordern oder selbst unter zu großen Druck stellen. Pausen sind sehr wichtig und die sollte man in seinem Tag implementieren, so sieht es auch Robin Schulz, ein erfahrener Biohacker. Es ist nicht nötig, einen Plan zwingend einzuhalten, wichtig ist, den Fokus nicht zu verlieren und in Ruhe zu bleiben.

Man muss nicht täglich 20 Minuten meditieren, es reicht, wenn man sich während des Tages eine Minute Zeit nimmt, um auf die Atmung zu achten und alles andere loslässt. Wirre Gedanken, Stress, Arbeitsdruck und die ganzen alltäglichen Dinge, welche uns hetzen und unruhig werden lassen, sollten in diesen wenigen Minuten am Tag keinen Platz haben. Sie werden sehen: Wer sich einige Pausen gönnt, dem fällt die Lösungssuche leichter und er findet einen Weg zu innerer Ruhe. Wichtige Worte, welche Robin Stolberg an Interessierte wenden möchte, sind, das Geschehen-Lassen zu fokussieren und nichts zu erzwingen.

Damit ist ein langjähriger Erfolg garantiert. Sie sehen also, nur wer dran bleibt und den Willen nicht verliert, wird gewinnbringend eine Veränderung errei–

chen können. Man bekommt im Leben nichts geschenkt, doch der Weg zur Optimierung mit Biohacking ist so einfach gestrickt, dass man nur nach dem neueren und besseren Leben zu greifen braucht.

Eine lebensverändernde Entscheidung

GRUNDSÄTZE DES BIOHACKINGS

Wie Sie sehen können, sind die Grundsätze des Biohackings denkbar einfach, doch ich möchte sie gern noch einmal genauer erläutern. Das Prinzip des Biohackings baut darauf, den eigenen Körper, aber auch die äußeren Umstände, welche auf ihn einwirken, genauer zu betrachten. Beobachten Sie Ihr Wohlbefinden, wenn Sie Nahrung aufnehmen, Sport treiben, Ihrer Arbeit nachgehen und wenn Sie Ihre Freizeit verbringen. All diese Faktoren sind wichtig, um eine Verbesserung zu erzielen. Achten Sie auf die Signale Ihres Körpers bei allem, was Sie tun, und nutzen Sie naturwissenschaftliche Erkenntnisse, um auf die Funktionen des Körpers einzugehen und sie zu verändern. Es gibt viele Möglichkeiten, den Organismus und seine Funktionen abzuwandeln, so kann beispielsweise der Verzicht auf Zucker eine große Veränderung in Ihrem Organismus in Gang setzen.

Mithilfe der verschiedenen Methoden des Biohackings entschlüsseln Sie Ihren Körper nicht einfach nur, Sie bekommen die Möglichkeit, ihn durch gezielte Reize und sogenannte Trigger an seine Grenzen zu bringen und ihn zum positiven Umpolen zu animieren. Sie bringen also Ihren Körper seinen Grenzen nahe, reizen diese aus und überschreiten sie, damit Sie Ihrem persönlichen Optimum näherkommen. Das alles heißt nichts anderes, als dass Sie Ihren Körper besser verstehen und ihn somit kontrollieren können – das Geist-über-Körper-Prinzip. Das Ziel des Biohackings liegt darin, gesünder und effizienter zu leben, um aus Ihrem Leben so viel wie möglich herauszuholen.

DEN INNEREN SCHWEINEHUND ÜBERWINDEN

Jedem Menschen fällt es anfangs schwer, die richtige Motivation zu finden und aus dem vorherrschenden, gewohntem Trott auszubrechen. Wir alle kennen die Probleme, den inneren Schweinehund nicht gänzlich abhängen zu können und hin und wieder zurückzufallen. Die Gewohnheit lässt sich nur schwer ändern und man findet immer einen Grund, nicht weiterzumachen oder es zu verschieben, egal, wie banal dieser sein mag.

Der innere Unmut und die Mauer der Gewohnheit halten einen zurück und somit besitzt der innere Schweinehund meist die Oberhand. Doch diese Zeiten können vorbei sein, Sie müssen nicht länger jedes Mal darum kämpfen, das Steuer zu übernehmen. Dank der Welt des Biohackings gibt es so viele neue Möglichkeiten, etwas zu verändern, auf eine Art und Weise, die keiner Anstrengung bedarf. Dank dieser unglaublichen Fülle an Methoden, welche leicht in den Alltag zu integrieren sind, gibt es keine Ausreden mehr.

Diese ganzen Diäten mit dem schlimmen Hungergefühl, welches einen treibt, und die meistens einen fiesen Jo-Jo-Effekt mit sich bringen, die ganzen kleinen Wehwehchen, welche uns plagen und von vielen

Dingen abhalten – das alles kann ein Ende haben. Es liegt in Ihrer Hand und Sie können diesen Teufelskreis durchbrechen. Wollen Sie nicht auch gesünder, fitter und leistungsfähiger sein? Diese Möglichkeit besteht. Auch chronischer Stress und Stimmungsschwankungen können optimal angegangen und verändert werden. Reizüberflutungen und Energiemangel stehen einem in der heutigen von Technik dominierten Zeit immer wieder im Weg, auch dabei verhilft das Biohacking zu einem besseren Leben und Lebensgefühl. Sie können es schaffen! Der Weg ist das Ziel und Sie bestimmen selbst, wann und wie Sie ihn gehen wollen. Ich möchte Ihnen zum Schluss dieses Kapitels noch 5 Pros mit auf den Weg geben, um Ihnen die Entscheidung ein wenig zu erleichtern und Ihnen zu zeigen, was es alles zu gewinnen gibt.

PUNKT NUMMER 1: Biohacking ermöglicht den Zugang, das Verständnis und die Möglichkeit zur Veränderung von verschlossenen psychischen sowie physischen Prozessen und Ressourcen Ihres Körpers.

PUNKT NUMMER 2: Ihr Fitness- und Ihr Energielevel werden gefördert, gefordert und verbessert.

PUNKT NUMMER 3: Ihre Aufmerksamkeit erhöht sich erheblich, wodurch sich Ihre Konzentrationsfähigkeit steigert und Sie auch an Ihrem Arbeitsplatz glänzen können. Zusätzlich bekommen Sie ein ausgeprägteres und gestärktes Selbstbewusstsein.

PUNKT NUMMER 4: Ihr Immunsystem wird geboostet. Das bedeutet, dass Ihr Körper stärker gegen äußere Erreger ankämpfen kann, Sie besser geschützt sind und Ihnen viele Erkrankungen erspart bleiben können. Kommen wir zum letzten Punkt meiner Argumente, um Sie zu einem Einstieg in ein neues Leben zu bewegen. Dieser wird für viele von ihrem inneren Schweinehund Geplagten der wichtigste sein.

PUNKT NUMMER 5: Die Methoden und die Möglichkeiten des Biohackings sind problemlos in den Alltag integrierbar und man muss auf nichts verzichten. Ganz im Gegenteil sogar, man gewinnt einen großen Vorteil dazu und bessere Laune hat man auch.

HERAUS AUS DER GEFANGENSCHAFT DES EIGENEN GEISTES

Das Biohacking ist Ihr Werkzeugkasten, Sie können also selbst entscheiden, wie Sie ihn nutzen möchten. Eine bewusste Ernährung, die Konditionierung des Körpers sowie mentales Training können biologische Grenzen ausreizen und Energiepotenziale öffnen, mit denen Ihnen mehr Energiedepots zur Verfügung stehen. Sie bekommen bereits nach den ersten kleinen Veränderungen ein gesteigertes Lebensgefühl. Auch werden Sie Ihre Umgebung effizienter wahrnehmen und werden aufmerksamer auf äußere Umstände und Einflüsse. Sie erhalten mehr Zugang zur Natur, Ihren Mitmenschen und allem, was sich um Sie herum befindet. Mithilfe des Biohackings erleben Sie eine Persönlichkeitsentwicklung auf einem ganz neuen Niveau, diese Methoden und Möglichkeiten bringen einen vollkommen anderen Maßstab, auch in Bezug auf den Charakter.

Wichtig ist es, vor allem für Einsteiger, seine Hacks, also die ausgewählten Methoden, aufzuzeichnen. Ob dies auf einem Blatt Papier verschriftlicht wird, in einem Blog veröffentlicht oder aber per Audio-

Videoaufzeichnung vonstattengeht, steht Ihnen frei. Diese Aufzeichnungen sind wichtig, um zu erkennen, welche Methoden gewinnbringend waren oder nicht, welche effizienter sind als andere und bei welchen man sich am wohlsten gefühlt hat. Kaum gewinnbringende Hacks sowie schmerzhafte oder stressende Übungen müssen nicht weitergeführt werden. Bringt ein Hack nicht die gewünschte Wirkung? Dann lassen Sie ihn weg und versuchen Sie einen neuen, denn Ihr Gefühl und die Wirkung sind das A und O beim Biohacking.

Als Inspiration können Ihnen andere bekannte Biohacker dienen, welche verschiedene Methoden und Möglichkeiten auf ihren Plattformen anbieten. Viele von ihnen sind sehr hilfsbereit, beantworten Fragen und bieten Unterstützung an.

Ein sehr bekannter Biohacker und Erfinder der Bulletproof-Diät ist Dave Asprey. Die Bulletproof-Diät baut auf einer Tasse Kaffee am Morgen auf, welche mit einem Löffel Butter oder Kokosöl zubereitet wird und somit einen Energieschub schon am Anfang des Tages verschafft. Dave Asprey hat mithilfe seiner Bulletproof-Diät 50 kg an Gewicht verloren und durch seinen veränderten Lebensstil sein biologisches Alter herabgesenkt. Die meisten Biohacker hatten vorher mit einigen Problemen in ihrer Ernährung, dem Lebensstil, der Arbeit und in vielen anderen Aspekten des Lebens zu tun. Auch sie haben zu kämpfen gehabt und mussten sich aus ihrer misslichen Lage befreien. Viele von ihnen sind heute bekannt für außergewöhnliche Taten und Errungenschaften, welche sie alle auf die Veränderung des Lebensstils mit Biohacking zurückführen.

Wim Hof ist einer der bekanntesten von ihnen. Er erklomm mithilfe seiner Atemtechnik den Mount Everest bis auf 7200 Meter und trug dabei nichts weiter als eine kurze Hose und seine Schuhe. Aufgrund dieser bewundernswerten Tat bekam er den Spitznamen The Iceman. Auch Sie können Überragendes schaffen, auch wenn Sie nicht den Mount Everest besteigen oder 50 kg abnehmen. Jeder Erfolg für Sie selbst, sei er auch noch so klein, ist ein großer Schritt und sollte nicht klein gehalten werden.

Tipps und Tricks zum Einstieg in ein neues Selbst

ERNÄHRUNG: WAS DER KÖRPER WIRKLICH BRAUCHT

Bewusst auf die Ernährung zu achten, ist ein wichtiger Bestandteil für das allgemeine Wohlbefinden. Die richtige und reichliche Nährstoffzufuhr ist unumgänglich, um einen gesunden und energiegeladenen Körper zu haben. In der heutigen Zeit, in der fast jeder gestresst ist und sich kaum die Zeit nimmt, eine gesunde Ernährung beizubehalten, gehen viele Vitamine und Ballaststoffe verloren.

Diese sind für den Organismus jedoch ein wichtiger Bestandteil. Ohne diese Kraftstoffe kann unser Organismus nicht mehr einwandfrei arbeiten und wir geraten in eine Tiefphase, welche sich auch auf unser Immunsystem auswirkt.

Es gibt viele verschiedene Möglichkeiten und Wege, auf seine Ernährung zu achten, genauso, wie es viele verschiedene Arten gibt, sich zu ernähren. Manche schwören auf die Ernährung im Low-Carb-Stil, sprich eine geringe Kalorienzufuhr. Dabei wird berechnet, wie viele Kalorien der Körper tatsächlich benötigt, um ein Optimum an Leistung zu gewährleisten und den Organismus nicht mit unnötigen Zusatzstoffen zu belasten. Auch gibt es verschiedene Wahlmöglichkeiten bezüglich der Keto-Ernährung oder aber einer rein auf Fett basierten Ernährung. Welche Art und Weise nun am besten zu einem passt, entscheiden Sie schlussendlich selbst.

Wenn Sie gern Fleisch essen, aufgrund einer Diät jedoch gezwungenermaßen auf dieses verzichten, werden Sie mit großer Wahrscheinlichkeit auf lange Sicht nicht erfolgreich sein. Gleiches gilt umgekehrt, wer sich wie beim Low-Carb hauptsächlich Fett- und Protein-reich ernähren möchte, jedoch kein Fleischesser ist, muss Alternativen finden. Diese Form der bewussten Ernährung wird auch als Food-Hacking bezeichnet. Es bedeutet also, dass man mithilfe von Beobachtung ein Verständnis dafür entwickelt, welche Mahlzeiten uns guttun und welche wir weglassen können. Dabei spreche ich jedoch nicht von den täglichen Essenszeiten, sondern von der Wahl unserer Nahrungsmittel.

Nehmen wir einen Diabetiker als Beispiel: Sein Körper wird krank, wenn er zu viel Zucker zu sich nimmt. Dieses Unwohlsein und die Krankheit sind Signale des Körpers, welche es zu bemerken und zu verstehen gilt. Lässt der Diabetiker den Zucker weg, geht es ihm besser.

Dasselbe Prinzip findet sich auch bei Laktoseintoleranz und bei anderen Allergien. Natürlich besitzt nicht jeder von uns die gleichen Probleme mit der Nahrung und auch nicht jeder durchlebt die gleichen Extreme, dennoch gibt es die eine oder andere Mahlzeit, von der man Bauchschmerzen bekommt, einen Blähbauch hat oder sich einfach unwohl fühlt. Diese Mahlzeiten oder Nahrungsmittel gilt es, ausfindig zu machen und zu eliminieren, stattdessen gibt man dem Körper das, was er braucht und gut verträgt.

Sie müssen nicht unbedingt eine strenge Diät halten, um sich gesund zu ernähren, das Essen soll Spaß machen und ein Genuss sein, das ist das oberste Gebot. Eine gesündere Ernährung in Ihren Alltag zu integrieren, ist einfach. Beim Low-Carb geht es, wie oben erwähnt, darum, viel Protein und Fett, meist in Form von Fleisch, zu sich zu nehmen.

Bei anderen Methoden wie der Keto-Ernährung geht es darum, sich von möglichst guten fetten und Proteinen - wie beispielsweise in Fleisch und Fisch - zu ernähren. Sie entscheiden selbst, wie Sie es machen möchten, das Wichtigste ist jedoch, viel frisches und farbenfrohes Gemüse zu sich zu nehmen. Auf kohlenhydrathaltige Lebensmittel sollte weitestgehend verzichtet werden, wie beispielsweise Brot oder Nudeln. Auch die Aufnahme von gesunden Fetten ist unerlässlich, um den Organismus in Gang zu halten, wie MCT-Öl, welches in Avocados enthalten ist. Dieses besteht aus mittelkettigen Fettsäuren und ist auch in Kokos- oder Palmöl vorhanden.

Einige Tipps sind auch das Herausfiltern von Melatonin, stattdessen kann auf dunklen Kakao umgestiegen werden. Dieser wirkt, genau wie Kirschen und Kiwis, auch schlaffördernd. Zusätzlich ist es wichtig zu wissen, dass Sie achtsam Essen sollten, ohne zu viele Ablenkungen. Legen Sie beim nächsten Mal das Smartphone zur Seite und genießen Sie das Essen in Ruhe.

Durch das ruhigere Essen kauen Sie länger und fühlen früher ein Sättigungsgefühl, wodurch Sie weniger unter einem Völlegefühl leiden werden. Ein weiterer Pluspunkt eines ruhigeren Essens liegt bei den Vorteilen für Ihren Magen-Darm-Trakt, dieser wird entlastet und sorgt für eine bessere Verdauung, mehr Entspannung und, wie oben erwähnt, für weniger unnötige Nahrungszunahme, denn: Wer schlingt, isst mehr.

Außerdem ist es wichtig, natürliche Vitaminquellen zu nutzen und, wenn nicht zwingend erforderlich, auf chemische zu verzichten. Ein Beispiel dafür wäre das allseits bekannte Vitamin D. Viele Personen kaufen sich haufenweise Vitamin-D-Tabletten oder Kapseln, um dessen Vorteile nutzbar zu machen, jedoch gibt es dieses Wundermittel auch reichlich in der Natur. Vitamin D ist beispielsweise in Champignons, Lachs und Nüssen vorhanden. Sie sehen also, Tabletten und Zusätze sind absolut nicht nötig, wenn man weiß, wo man suchen muss. Bei der Nährstoffzufuhr sollte vor allem auch auf gesunde Omega-3-Fettsäuren, zum Beispiel in Spirulina, Antioxidantien in Gemüse sowie auf Proteine und Aminosäuren geachtet werden, denn ein glücklicher Organismus verschafft einen gesunden Körper und einen starken Geist.

BESSERER FOKUS UND GESTEIGERTE KONZENTRATION

Falls auch Sie unter Konzentrationsschwierigkeiten leiden und tagsüber häufiger einen Tiefpunkt erreichen, verhilft Ihnen das Biohacking zu einer neuen und verbesserten Form Ihres Selbst. Diese Methoden werden auch Mindhacking genannt und sorgen für einen wachen und fokussierten Geist. So können verschiedene musikalische Klänge oder Rhythmen für Entspannung und Konzentration sorgen. Dabei ist es jedoch, wie bei vielen anderen Dingen, nötig, die richtige Dosis und die richtige Melodie zu finden. Jeder Mensch ist anders empfindlich und reagiert dementsprechend anders auf unterschiedliche Klänge. Gehen Sie auf die Suche nach Klängen und Melodien, welche Ihnen innere Ruhe verschaffen. Diese werden Ihnen bei Stress oder Druck helfen, den Fokus auf das Wesentliche zu lenken und Ihren Geist stärken.

Gedächtnistechniken und Übungen sind eine zusätzliche Hilfe und trainieren Ihre Ausdauer und Konzentration. Wie jeder andere Muskel in Ihrem Körper benötigt auch das Gehirn Training und möchte gefordert werden. Sobald Sie die richtigen Methoden für Ihr mentales Befinden gefunden haben, werden Sie in der

Lage sein, dieses bewusst zu kontrollieren. Sie werden weniger unter Gefühlsproblemen zu leiden haben und somit auch weniger unter Gefühlsschwankungen leiden. Kurz gesagt, Sie werden wieder mehr Lebensfreude empfinden.

Die Multitasking-Fähigkeit ist ein enormer Vorteil, in einer so hektischen Welt wie unserer. Das gesamte Empfinden und unsere Wachsamkeit hängen davon ab, wie gut wir unsere Umgebung aufnehmen. Ob beim Autofahren, Kochen oder während der Arbeit: Wir sind darauf angewiesen, schnell zu realisieren und zu reagieren. Wer die volle Kontrolle über seine Multitasking-Fähigkeiten erlangt, wird nicht bloß imstande dazu sein, diese vollständig zu nutzen. Sie werden auch dazu fähig sein, diese bei Bedarf abzustellen, um vollen Fokus auf Ihre bevorstehenden Aufgaben zu haben. Verschiedene Techniken können Ihnen dabei helfen, Ihre Fähigkeiten zu trainieren. So schreiben viele Menschen ein Tagebuch, um den Kopf zu leeren und die Gedanken zu sortieren. In diesem Buch sind alle wichtigen Gedanken festgehalten und Sie sind in der Lage, diese loszulassen.

Auch Meditationen können Ihnen dazu verhelfen, den Geist zu befreien und in aller Ruhe Ihre Gedanken zu sortieren. Die Lösung für ein Problem zu finden, ist meist unnötig dadurch erschwert, dass wir zu sehr von vielen anderen Dingen abgelenkt sind und unser Kopf vollgestopft ist. Mithilfe des Mindhackings wird Ihnen erlaubt, Ihre Gedanken bewusst zu kontrollieren und zu manifestieren, damit Sie schneller und effizienter an Problemlösungen arbeiten können. Ablenkungen sind Gift für eine fokussierte Arbeit, Sie werden lernen, diese Ablenkungen zu erkennen und sie zu reduzieren.

Doch der Kopf braucht mehr als nur geistiges Training, auch mangelndes Interesse ist Gift für die Arbeit. Es ist vollkommen natürlich, dass Sie sich nicht für jedes Thema interessieren und das verlangt auch niemand. Doch um effizient und fokussiert zu arbeiten, ist Motivation das A und O. Sobald Sie bemerken, das Sie kein Interesse an dieser Thematik Ihrer Arbeit besitzen oder gelangweilt sind und keinen Antrieb haben, motivieren Sie sich selbst. Finden Sie einen Zugang zum Thema der Tätigkeit, beziehen Sie es auf sich selbst und gestalten Sie es interessant, so wird die Arbeit wie von allein erledigt.

VERSCHAFFEN SIE SICH EINEN ENERGIE-BOOST

Eine ausgewogene Ernährung und mentales sowie physisches Training sind die wichtigsten Komponenten des Biohackings – auf diesen Säulen baut alles auf. Es fehlt jedoch noch eine Säule, um energiegeladen im Leben durchstarten zu können. Dieses Zauberwort ist Hydration. Sie können von einer gesunden Ernährung, Sport und täglichem Gedächtnistraining profitieren, doch ohne die richtige Hydration werden Sie irgendwann zwangsläufig schlapp machen.

Unser Körper besteht zum Großteil aus Wasser, es ist also logisch, dass wir jenes auch benötigen, um fit zu bleiben. Achten Sie darauf, genug zu trinken, denn Flüssigkeitsmangel ist ein unangenehmer Begleiter und schwächt unseren Organismus. Vitamine, Nährstoffe, Ballaststoffe, all das, was wir in unserer Nahrung aufnehmen und wichtig für unsere Leistung ist, ersetzt keine gute Hydration. Energie kommt durch den Magen und eine ausreichende Flüssigkeitszufuhr gehört auch dazu. Sie werden sehen, diese Energielieferanten sind unabdingbar für einen optimierten Zustand Ihres Organismus'.

Neben einer guten Hydration gibt es weitere unzählige Möglichkeiten, um sich einen Energie-Boost zu verschaffen. Die wichtigsten möchte ich Ihnen hiermit nahebringen: Um morgens gut in den Tag zu starten, schwören manche Menschen auf einen starken Kaffee oder eine Runde Joggen.

Ich zweifle keine dieser Möglichkeiten an, denn jeder Mensch ist anders gepolt. Es gibt jedoch einige Menschen, welche kein Koffein zu sich nehmen oder denen Kaffee nicht schmeckt. Dann gibt es noch welche, die sich mit Joggen nicht anfreunden können. Jeder muss seinen Weg finden.

Es gibt jedoch eine Möglichkeit, bei der auch Sie imstande sind, sie zu nutzen. Eine kalte Dusche am Morgen vollbringt Wunder. Wieso fragen Sie sich? Ganz einfach, der Kreislauf wird angeregt und man fühlt sich sofort wacher und aufmerksamer. Niemand ist gezwungen, sich morgens eine halbe Stunde unter eiskaltes Wasser zu stellen und zu frieren, auch hier beginnt es mit kleinen Schritten. Stellen Sie das Wasser auf eine kühle Temperatur ein, welche Sie ohne Probleme ertragen können, und bleiben Sie für 5 bis 10 Minuten unter dem Strahl stehen. Diese Zeit reicht aus, um die Lebensgeister zu wecken und den Kreislauf sowie die Durchblutung anzukurbeln. An dieser Stelle gebe ich Ihnen gern einen Pro-Tipp von mir, gerichtet an alle Frauen und Männer, welche sich schönes und geschmeidiges Haar wünschen: Eine kalte Dusche kann gut mit dem Ausspülen eines Conditioners oder einer Haarspülung verbunden werden. Das kalte Wasser sorgt dafür, dass die Haarstruktur sich schließt und die wichtigen Nährstoffe und Bestandteile der Spülung in die Haare aufgenommen und nicht einfach ausgespült werden.

Weitere Möglichkeiten, um einen Energie-Boost im Lauf des Tages zu erhalten, sind Pausen. Sobald Sie eine Flaute bemerken, Ihre Konzentration nachlässt oder Sie den Fokus verlieren und ermüden, legen Sie eine kurze Pause ein. Auch kleine Pausen zwischen 2 und 5 Minuten können Wunder bewirken. Atmen Sie in Ruhe und befreien Sie Ihren Geist, diese kurze Auszeit wird Ihnen helfen, neue Kraft zu schöpfen. Frische Luft und ein entspanntes Atmen sind wichtige Faktoren, welche Einfluss auf unseren Körper und unser Empfinden nehmen. Gehen Sie öfter an die frische Luft, spazieren Sie in der Natur und entfliehen Sie dem Stress, um neue Energie zu tanken. Nutzen Sie die Zeit in der Natur, um ihre Wunder zu betrachten, und suchen Sie nach dem Sinn des Lebens. Erleben Sie Ihre Umwelt und schenken anderen Aspekten der Welt Ihre

Aufmerksamkeit. Die Ruhe der Natur wird Ihnen helfen, wieder zu sich Selbst und Ihrem inneren Ruhepol zu finden. Die Schönheit und Reichhaltigkeit der Natur und des Lebens werden Ihnen einen frischen Blickwinkel geben können und Sie empfänglicher machen.

Auch Power Naps, also kurze Pausen, in denen man für 10 Minuten schläft, können neue Energie bringen und Sie fitter und aufgeweckter machen. Diese wenigen Minuten, in denen Ihr Körper zur Ruhe kommt, können einen großen Unterschied in Ihrer Leistung bewirken. Sie werden danach mit frischer Energie beladen aufwachen und viel munterer weiterarbeiten können.

Yoga-Übungen oder einige kurze Fitness-Übungen sind eine weitere Möglichkeit, um einen Energie-Boost zu erhalten. Stehen Sie von Ihrer Arbeit auf und machen Sie einige Minuten lang ein paar Übungen. Dadurch werden Endorphine und Adrenalin ausgeschüttet und Sie bekommen einen Energieschub, um voller Elan wieder an die Arbeit gehen zu können. Es ist vollkommen egal, für welche Art der Pausen Sie sich entscheiden. Wichtig ist bloß, dass Sie Pausen machen. Das, was Ihnen guttut, ist das Richtige, denn um nichts anderes geht es beim Biohacking. Achten Sie auf Ihr Gefühl und Ihr Wohlbefinden, der Rest kommt dann von ganz allein. Beginnen Sie endlich damit, sich Zeit für Sie selbst zu nehmen, denn Zeit ist so ziemlich das einzige auf der Welt, das nicht käuflich ist und auch nicht ersetzt werden kann.

OPTIMIEREN SIE IHREN SCHLAF

Ein gesunder Körper braucht einen gesunden Schlaf. Wenn auch Sie unter Schlafstörungen leiden, kennen Sie das Problem von Antriebslosigkeit, Schmerzen und Ruhelosigkeit mit Gewissheit sehr gut. Viele Personen leiden unter einem schlechten Schlaf und haben Probleme dabei, Erholung zu finden. Doch wer nicht ausgeruht ist und seinem Körper diese dringend erforderlichen Erholungsphasen nicht geben kann, wird mit der Zeit immer schwächer und anfälliger für Krankheiten. Oft liegt das Problem, seinen Schlaf nicht verbessern zu können, darin, dass man die Ursache für diesen Zustand nicht kennt und somit auch nicht ändern kann.

Eine der häufigsten Ursachen für Schlafprobleme sind Ablenkungen. Diese können in Form von störenden Außengeräuschen, Lichteinflüssen oder aber von umher schwirrenden Gedanken auftreten. Es gilt, diese Störfaktoren zu beseitigen. Bevor Sie zu Bett gehen, sollten Sie also darauf achten, dass keine unangenehmen oder störenden Lichtquellen vorhanden sind, welche Ihren Schlaf stören. Kaufen Sie sich Vorhänge oder Rollos, um dieses Problem anzugehen. Außengeräusche, auf die wir selbst einen Einfluss haben, wie verschiedene Stromquellen, welche über Nacht nicht benötigt werden, oder tropfendes Wasser etc. können Sie selbst beheben oder jemanden damit beauftragen. Bei allen anderen Geräuschen von außen, welche als störend empfunden werden und auf die Sie keinen Einfluss haben, hilft es, sich mit Ohrstöpseln auszustatten. Diese sind kostengünstig zu bekommen und dämpfen die Geräusche, womit sie Ihnen helfen, diese besser ausblenden zu können.

Schlechter Schlaf ist nicht nur mit Nachteilen bezüglich des Biohackings behaftet, es kann bei andauernden Problemen Ihres Schlafes zu Störungen und im weiteren Verlauf zu Erkrankungen des Organismus führen. Diesen Erkrankungen gilt es vorzubeugen und sie zu verhindern. Eine lang anhaltende Schlafstörung wird als Insomnie bezeichnet. Dieses Krankheitsbild zeichnet sich durch Schwierigkeiten beim Ein- oder/und Durchschlafen ab. Wenn Sie schlecht schlafen, baut Ihr Körper weniger Cortisol ab, wodurch es mitunter zu erhöhten Fetteinlagerungen, also zu Übergewicht kommen kann. Cortisol ist ein Stresshormon und begünstigt neben der erhöhten Fetteinlagerung auch Folgeerkrankungen wie etwa Diabetes und Bluthochdruck. Diese Folgen erhöhen das Risiko eines Herzinfarktes enorm und können somit lebensgefährlich werden. Auch können psychische Erkrankungen aufgrund von Schlafmangel erhöht auftreten und ausbrechen. Depressive Episoden, Angststörungen und Abhängigkeiten werden gefördert und die körperliche Leistung somit erheblich eingeschränkt. Viele Suizidneigungen, -versuche und tatsächliche Suizide können mit einer Insomnie in Zusammenhang gesetzt werden. Außerdem begünstigt andauernder Schlafmangel psychische Erkrankungen wie Demenz.

Als ob das alles nicht schon schlimm genug wäre, verliert man zusätzlich den Anschluss an das soziale Leben. Man ist häufiger und schneller gereizt, leidet unter Antriebsschwäche und Abgeschlagenheit und zieht sich aus seinem sozialen Umfeld zurück. Diese Gründe sollten Sie dazu bewegen, Ihren Schlaf ernster zu nehmen und für eine erholsame Nacht zu sorgen. Mit welchen Methoden dies möglich ist, möchte ich Ihnen hier zeigen. Zum einen wäre da der Genuss von koffeinhaltigen Getränken, wie Kaffee, Tee oder auch Coca-Cola. Dieses Koffein kann uns am Morgen und im Lauf des Tages einen Energieschub verschaffen, stört jedoch den Körper dabei, herunterzufahren. Sie sollten den Genuss von Koffein demnach an Ihren Schlafrhythmus anpassen. Vielen Menschen ist nicht bewusst, wie lange sich Koffein im Körper hält, es wird daher empfohlen, die Koffeinzufuhr nach etwa 15 oder 16 Uhr einzustellen oder aber gravierend zu reduzieren. Dies hilft Ihrem Körper dabei, das restliche Koffein zu verarbeiten und abends nicht von diesem aufgehalten zu werden.

Abgesehen vom Koffein gibt es noch andere Störfaktoren, welche eine große Rolle spielen. Sie kennen es bestimmt auch, abends auf der Couch oder schlimmer noch im Bett einige Zeit am Smartphone, Tablet oder sonstiger Elektronik zu verbringen. Diese Angewohnheit mag Ihnen zwar harmlos vorkommen, stört Ihren Schlaf jedoch immens und führt zu Schlafproblemen. Man ist in der heutigen Welt immer und zu jeder Zeit erreichbar und ist durchgehend mit den Strahlen der Elektrogeräte in Kontakt. Auch die Lichtwellen der verschiedenen Bildschirme nehmen erheblichen Einfluss auf unsere Psyche und unseren Schlafrhythmus. Sie sollten Ihr Schlafzimmer also zu einer Smartphonefreien Zone erklären, dieses stört beim Herunterfahren des Organismus und lenkt unnötig ab. Stattdessen wäre es effizienter, wenn Sie sich für ein gutes Buch anstelle des Smartphones oder anderer Elektrogeräte entscheiden. Dieses gibt keine Strahlungen ab, schadet Ihren Augen nicht so stark, verringert Kopfschmerzen und hilft Ihnen dabei, ruhiger zu werden, um besser schlafen zu können. Sie fördern Ihre geistige Entwicklung und beanspruchen Ihre geistigen Fähigkeiten. Ihr Gehirn wird somit auch vor dem Schlafengehen trainiert und gefordert. So ist es Ihnen möglich, gleich mehrere Fliegen mit einer Klappe zu schlagen.

Wenn Sie auch ohne die meisten Störfaktoren Probleme beim Einschlafen haben, können Sie von vielen natürlichen Hilfsmitteln Gebrauch machen. Kirschen und Kiwis sind nicht nur voller Vitamine, sondern haben eine beruhigende Wirkung auf den Organismus und sind schlaffördernd. Auch eine Tasse warme Milch mit Honig ist eine Möglichkeit, an der Sie sich bedienen können, um Ihren Schlaf zu fördern. Es hilft dem Organismus beim Herunterfahren und Abschalten, womit Sie von einem besseren Einschlaferlebnis profitieren können. Auch einige Pflanzen helfen bei Schlafstörungen und innerer Unruhe. Lavendel und Baldrian beispielsweise sind effektiv gegen Stress, fördern eine innere Ausgeglichenheit und beruhigen Ihren Körper und Geist. Sie können getrocknete Lavendelblüten in einen Stoffbeutel packen und diesen dann unter Ihr Kopfkissen legen, auch verschiedene Öle dieser Pflanzen sind erhältlich und haben denselben Effekt.

Viele Personen steigern ihr Wohlbefinden zusätzlich dadurch, zu meditieren. Die Meditation kann als zusätzliche Methode auch bei Schlafstörungen helfen. Sie werden mithilfe der Meditation ruhiger und bekommen ein besseres Gefühl für Ihre Atmung. Mit dieser Kontrolle können Sie Ihrem Körper dabei helfen, sich auf den Schlaf vorzubereiten und in eine Erholungsphase einzutreten. Es gibt, wie Sie sehen, verschiedene Möglichkeiten und Methoden, um Ihren Schlaf zu optimieren und Ihren Organismus bestmöglich zu unterstützen. Welche dieser oder anderer Methoden die richtige ist, entscheiden Sie selbst. Finden Sie einen Weg, bei dem Sie das optimale Ergebnis erzielen können und behalten Sie ihn bei.

Sobald sich Ihre Schlafgewohnheiten verbessert haben und Sie erholt in den Tag starten können, wird Ihnen die Veränderung ganz neue Wege und Möglichkeiten bieten. Sie werden in ein frisches und neues Lebensgefühl eintauchen und Ihrer Umwelt mit einem neuen Blickwinkel begegnen. Optimieren Sie Ihren Schlaf, um die Pforten für das Biohacking zu öffnen und Ihr volles Potenzial auszuschöpfen. Ein erholsamer Schlaf bietet einen gesunden Körper und einen wachen Geist. Dies sind die wichtigen Dinge im Leben, wenn auch Sie das verinnerlicht haben, kann Sie niemand aufhalten. Ihnen öffnen sich neue Türen und Sie entdecken die Welt mit geöffneten Augen und voller Energie.

Auch Sie können es schaffen

S ie sehen, auch Sie können es schaffen. Bleiben Sie nicht länger ein Gefangener Ihres eigenen Geistes und brechen Sie endlich die Fesseln Ihres inneren Schweinehundes. Biohacking ist eine Lebensweise, welche persönlich auf Sie zugeschnitten ist und ohne Probleme in Ihren Alltag integriert werden kann. Sie werden aufnahmefähiger, gesünder und besser in jeder Hinsicht Ihres Lebens. Diese Philosophie ist weit mehr als ein Lebensberatungsprogramm, eine Diät oder eine von einem Lifestyle-Guru vorgegaukelte Lebensweisheit. Sie entscheiden selbst, was Sie verändern und optimieren möchten, und Sie entscheiden selbst, wie sie es möchten. Es gibt keine strikten Regeln, festen Pläne oder vorgegebene Wochenziele. Sie haben die Möglichkeit zur freien Entfaltung, lassen Sie Ihrer Fantasie freien Lauf und hören Sie nur auf sich selbst. Sie brauchen keine andere Person, um Ihren Organismus verstehen zu lernen und um zu wissen, was Ihnen guttut. Nur Sie allein können die Signale Ihres Körpers deuten und mithilfe dieser Signale Ihr Leben verbessern.

Beim Biohacking geht es um Austausch und Unterstützung, nicht um Vorgaben. Sie bekommen Hinweise und erhalten einen Ratgeber, welcher sich auf Sie konzentriert und Ihnen bloß eine Hilfestellung an die Hand gibt. Ganz nach dem Motto: Alles kann, nichts muss. Sie bekommen Lehrer und Zuhörer zu der Zeit, zu der Sie welche brauchen.

Gestalten Sie Ihr Leben und Ihren Stil selbst, ohne sich von anderen hineinreden zu lassen, denn nur so kann man wirklich glücklich werden. Sie können es nicht jedem recht machen, also beginnen Sie damit, es sich selbst recht zu machen, alles andere ist unwichtig. Starten Sie noch heute in Ihr neues Leben und probieren Sie es einfach aus, ein Probelauf hat schließlich noch niemandem geschadet. Um Ihnen den Einstieg ein wenig zu erleichtern, finden Sie am Ende dieses Ratgebers einen Umsetzungsplan. Dieser ist für 10 Tage ausgerichtet und erarbeitet. Sie können die Rezepte und Methoden als eine Art Wegweiser ansehen, Sie können diese gern durch von Ihnen bevorzugte Alternativen ersetzen. Die Rezepte können Sie auf Wunsch am Abend oder Morgen vorbereiten, sie halten sich einige Zeit im Kühlschrank und zum Mitnehmen zur Arbeit. Es handelt sich um einen kleinen Anstoß, nicht um einen festgelegten Plan, den Sie genötigt werden einzuhalten. Mit diesen abschließenden Worten wünsche ich Ihnen viel Erfolg auf Ihrem weiteren Weg sowie einen von Energie, Gesundheit und Glück geebneten Weg in die Zukunft.

EIN 10-TAGE UMSETZUNGSPLAN IN IHR NEUES LEBEN

Tag 1:

Starten Sie mit einer kalten Dusche in den Tag, diese weckt Ihre Lebensgeister und gibt Ihnen den nötigen Anschub, um produktiv und fit zu sein.

Bananen-Müsli zum Frühstück, damit Sie energiegeladen das Haus verlassen.

Sie benötigen: 100 g Joghurt (am besten Naturjoghurt 1,8 %), 100 g Quark (Magerstufe), ¼ Banane, 50 g Brombeeren, 50 g Kokos-Müsli, 10 Mandeln (gehackt).

Nehmen Sie sich die Zeit, Pausen in Ihren Alltag einzubauen und meditieren Sie vor dem Mittagessen so lange, wie Sie es können und möchten.

Zucchini-Rösti mit Joghurt-Dip gibt es als Mittagssnack.

Sie benötigen: 500 g Zucchini, 1 EL Salz, 2 Eier, 2 EL Mandelmehl (oder anderes Nussmehl), 2 EL Käse (gerieben), 2 Zwiebeln, 1 Bund Schnittlauch, Pfeffer, 2 bis 3 EL Kokosöl (zum Braten). Für den Dip: 100 g Hüttenkäse, 3 EL Joghurt, 2 EL Dillspitzen, Salz und Pfeffer.

Die Zucchini wird fein geraspelt, mit Salz vermengt und 5 Minuten lang in einem Sieb abgetropft. Sie können die Zucchini gelegentlich mit einem Küchentuch andrücken, damit die Flüssigkeit austritt. Der Käse wird gerieben, Schnittlauch fein geschnitten und die Zwiebeln gewürfelt. Das Kokosöl wird in einer Pfanne erhitzt und die Zwiebeln darin glasig angebraten. Nun werden alle Zutaten in einer Schüssel gemischt und die Zucchini untergehoben. Das Kokosöl auf mittlerer

Stufe erhitzen, den Zucchini-Teig in die Pfanne geben und flach andrücken. Warten Sie nun, bis der Teig fest wird, dies kann etwa 20 Minuten dauern, und wenden Sie dann den Puffer. Nehmen Sie den fertigen Zucchini-Puffer aus der Pfanne, verrühren Sie die Zutaten für den Dip und genießen Sie beides zusammen.

Denken Sie daran, genügend Flüssigkeit zu sich zu nehmen. Setzen Sie dabei auf Wasser und nicht auf zuckerhaltige Getränke oder Kaffee.

Gehen Sie hinaus in die Sonne und atmen Sie frische Luft. Bewegen Sie sich und gönnen Sie Ihrem Körper eine Ruhepause.

Versuchen Sie, nach dem Feierabend einige Zeit in der Natur zu verbringen, um dem Stress des Alltags zu entkommen. Üben Sie das Meditieren und achten Sie auf Ihre Atmung. Atmen Sie für einige Minuten bewusst ein und aus.

Das Abendessen wird eine **Puten-Gemüse-Pfanne**.

Sie benötigen: 300 g Putenschnitzel, 2 große Zucchini, 2 Spitzpaprika, 300 g Champignons, 1 Packung Brunch Paprika-Peperoni (Aufstrich), Salz, Pfeffer, 1 gestrichener TL Kräuter der Provence, 1 gehäufter EL geriebenen Parmesan und Kokosöl zum Braten.

Waschen und trocknen Sie das Fleisch, schneiden Sie es in Streifen, geben Sie es zusammen mit dem Öl in eine Pfanne und erhitzen es. Schneiden Sie die Champignons in Scheiben und geben Sie diese dazu. Waschen Sie die Paprika und schneiden Sie diese in Streifen. Die Zucchini wird mit der Schale nach dem Waschen in Scheiben geschnitten. Geben Sie die weiteren Zutaten in die Pfanne, mischen Sie alles gut durch und lassen alles noch ca. 2 Minuten braten. Rühren Sie nun den Brunch-Aufstrich sowie die Gewürze ein und lassen es noch 1 bis 2 Minuten köcheln. Geben Sie den geriebenen Parmesan dazu und lassen ihn schmelzen. Zum Schluss schmecken Sie alles ab und können das Essen dann servieren.

Machen Sie sich einen ungefähren Plan für den nächsten Tag, was müssen Sie erledigen? Gehen Sie diesen durch, leeren Sie danach Ihren Kopf und befreien Sie ihn von störenden oder ablenkenden Gedanken.

Entledigen Sie sich bevor Sie zu Bett gehen Ihres Smartphones und versuchen Sie, den Abend ohne elektronische Gerätschaften ausklingen zu lassen. Lösen Sie ein Kreuzworträtsel, lesen Sie ein Buch oder machen Sie Atemübungen. Beseitigen Sie alle störenden Faktoren und genießen Sie die Ruhe.

Tag 2:

Starten Sie den Tag erneut mit einer kalten Dusche.

Zum Frühstück gibt es ein **Schinken-Käse-Omelett**.

Sie benötigen: 2 Eier, 30 g Schinken, 30 g geriebenen Cheddar, 3 EL geriebenen Parmesan, 2 EL Frühlingszwiebeln, 1 EL Butter und 1 Prise Salz.

Verquirlen Sie die Eier mit dem Salz und dem Parmesan. Erhitzen Sie die Butter in der Pfanne und geben Sie die Eimasse dazu. Sobald das Ei fest genug ist, wenden Sie es und geben den Schinken, die Frühlingszwiebeln und den Cheddar darauf. Verschließen Sie die Pfanne für 2 Minuten mit einem Deckel, um die Hitze einzuschließen. Sie können nun das Omelett aus der Pfanne nehmen, zusammenrollen und verzehren.

Stehen Sie jede Stunde kurz auf und bewegen Sie sich, um den Blutzuckerspiegel gesenkt zu halten und neuen Antrieb zu bekommen. Denken Sie auch hier an Ihre Hydration und nehmen Sie genügend Flüssigkeit zu sich.

Als Mittagssnack gibt es **Tarator-Suppe**.

Sie benötigen: 500 g Naturjoghurt (maximal 1,5 % Fett), 300 ml Wasser, 2 Knoblauchzehen, 1 Gurke, 10 Walnüsse, Salz und Dill.

Raspeln Sie die Gurke fein, vermengen diese mit Salz und lassen sie kurz ziehen. Hacken Sie in der Zwischenzeit die Walnusskerne und rösten Sie diese ohne Butter kurz in der Pfanne an. Hacken oder pressen Sie den Knoblauch und geben diesen zusammen mit dem Joghurt zu den Gurken. Geben Sie Wasser, dazu um eine cremige Suppe zu erhalten, schmecken Sie diese mit Dill ab und bestreuen Sie sie zum Schluss mit den gehackten Nüssen.

Machen Sie nach dem Feierabend ein Work-out. Yoga, Fitness oder Ausdauersport wie Joggen ist ideal geeignet. Finden Sie etwas, das Ihnen Spaß macht, und betätigen Sie sich darin.

Das Abendessen bilden **Hähnchen-Fajita-Röllchen.**

Sie benötigen: 1 kleine Knoblauchzehe, ½ Limette, 1 EL Olivenöl, 1 TL Paprikapulver, ½ TL Salz, ½ TL Pfeffer, ½ TL Kreuzkümmel, ½ TL Oregano, 1 EL gehackter Koriander, 4 Dünne Scheiben Hähnchenbrustfilet, ½ rote, ½ gelbe und ½ grüne Paprika.

Hacken Sie den Knoblauch fein und pressen Sie die Limette. Verrühren Sie nun die weiteren Zutaten für die Marinade. Waschen und trocknen Sie das Hähnchen, legen Sie dieses in die Marinade ein und vermischen

Sie alles gründlich. Lassen Sie das Hähnchen nun eine Stunde lang marinieren. Währenddessen waschen und schneiden Sie die Paprika in dünne Streifen. Belegen Sie nun das Hähnchen mit der Paprika und rollen dieses zusammen. Heizen Sie den Backofen auf 180 Grad Ober-/Unterhitze vor und geben Sie die Hähnchen-Rollen in einer Auflaufform für 20 bis 25 Minuten zum Backen in den Ofen.

Gehen Sie nun Ihrer veränderten abendlichen Routine nach und lesen Sie Ihr Buch oder machen Sie Ihre Übungen, bevor es für Sie ins Bett geht.

Tag 3:

Nach Ihrer kalten Dusche gibt es **Avocado mit Ei** zum Frühstück.

Sie benötigen: 2 Avocados, 4 Eier, Speck, Kirschtomaten, Cheddar, Salz und Pfeffer.

Halbieren Sie die Avocados und entfernen Sie den Kern. Vergrößern Sie die entstandene Einbuchtung mit einem Löffel und schlagen Sie ein Ei hinein. Würzen Sie das Ei mit Salz und Pfeffer, geben Sie den Speck, den Cheddar und die halbierten Tomaten dazu und geben die Avocados in einer feuerfesten Form bei 200

Grad Ober-/Unterhitze für 20 Minuten in den Backofen.

Machen Sie eine To-do-Liste und schreiben Sie auf, was es für heute zu erledigen gilt. Heben Sie das Wichtigste hervor.

Nehmen Sie sich Zeit für Pausen oder kleine Fitnessübungen und trinken Sie ausgiebig.

Das Mittagessen besteht aus **Zucchini-Nudeln**.

Dazu benötigen Sie: 1 kg Zucchini, 2 Knoblauchzehen, 1 mittelscharfe rote Chilischote, 2 EL Olivenöl, Salz, Pfeffer, 1 EL getrockneten Oregano und eine Handvoll geriebenen Parmesan.

Verarbeiten Sie die gewaschenen Zucchini mit einem Schäler zu Nudeln, verwerten Sie dabei den Kern jedoch nicht mit. Geben Sie die Zucchini-Nudeln mit ordentlich Salz bestreut für ca. 20 bis 30 Minuten zum Abtropfen in ein Sieb. Hacken Sie, während Sie warten, den Knoblauch und die Chilischote in kleine Stücke und erhitzen Öl in der Pfanne. Schwitzen Sie nun ca. 2 EL von dem Knoblauch und der Chili in der Pfanne an, geben die Zucchini-Nudeln dazu und vermengen alles gründlich. Würzen Sie nun mit Salz, Pfeffer und Oregano und geben Sie den Parmesan dazu, dieser bindet die Flüssigkeit und sorgt für eine cremige Soße. Lassen

Sie nun alles ca. 3 bis 4 Minuten lang scharf anbraten und garnieren Sie danach Ihr Essen.

Verbringen Sie auch heute Zeit an der frischen Luft und genießen Sie die Sonne, versuchen Sie zu meditieren oder machen Sie Atemübungen.

Machen Sie nach dem Feierabend ein HIIT-Workout. Dieses High Intensity Intervall Training ist zwar überaus anstrengend, doch auch sehr effektiv. Bringen Sie Ihren Körper ans Limit und genießen Sie die nachträglichen Glückshormone.

Zum Abendessen gibt es **überbackene Paprika**.

Sie benötigen hierfür: 200 g Hähnchenbrust (ohne Haut), 6 Scheiben Cheddar, 1 rote und 2 gelbe Paprika, 100 g Zucchini, 100 g Champignons, 2 Schalotten, 1 Prise Meersalz, 1 Prise schwarzen Pfeffer und 2 EL Olivenöl.

Halbieren Sie die Paprika und schneiden Sie die Zucchini sowie die Champignons in kleine Stücke. Schälen und würfeln Sie die Schalotten. Waschen und trocknen Sie die Hähnchenbrust und schneiden Sie auch diese in kleine Stücke. Erhitzen Sie das Öl in der Pfanne und geben Sie das Fleisch sowie die Schalotten dazu. Braten Sie beides gut an und geben Sie dann die Zucchini und die Champignons dazu. Würzen Sie alles mit Salz und

Pfeffer und füllen Sie die Gemüse-Fleisch-Mischung in die halbierten Paprikaschoten. Belegen Sie diese nun mit dem Cheddar und geben alles bei 175 Grad Ober-/Unterhitze für 10 bis 15 Minuten in einer feuerfesten Form zum Gratinieren in den Backofen. Sie können die fertigen Paprikahälften nun noch mit Kräutern Ihrer Wahl bestreuen.

Nutzen Sie die Zeit vor dem Zu-Bett-Gehen und sehen Sie auf Ihre To-do-Liste des Tages. Freuen Sie sich darüber, was Sie geschafft haben, und loben Sie sich selbst. Fangen Sie an ein, Tagebuch zu schreiben, und halten Sie die Hacks und Methoden, welche Sie nutzen, fest. Schreiben Sie dazu, welche Veränderungen bemerkbar sind und was Ihr Empfinden ist. So können Sie später besser selektieren, was zu Ihnen passt.

Tag 4:

Nach der kalten Dusche starten Sie mit einem Frühstück in Form von **Pancake**s.

Dazu benötigen Sie: 110 g gemahlene Mandeln, 100 g Naturjoghurt (fettarm), 90 g Magerquark, 4 Eier, 1 TL Backpulver, 1 TL Zimt, 1 Messerspitze Bourbon-Vanille und 2 EL Kokosfett.

Schlagen Sie die Eier auf und geben Sie den Joghurt sowie den Quark dazu. Verrühren Sie alles zu einer glatten Masse. Fügen Sie die Mandeln, das Backpulver, den Zimt und die Bourbon-Vanille zum Teig und verrühren diese für 5 Minuten auf höchster Stufe. Erhitzen Sie nun das Kokosöl in der Pfanne und backen Sie die Pancakes darin aus. Sie können diese nach Belieben bei 50 Grad im Backofen warmhalten.

Gehen Sie Ihren Plan für heute durch und sammeln Sie Ihre Gedanken, bevor Sie an die Arbeit gehen.

Machen Sie während der Arbeitszeit kurze Pausen und nutzen Sie diese, um ein paar Dehnübungen zu machen. Diese geben Ihnen neue Energie und helfen Ihnen dabei, konzentrierter zu bleiben.

Zum Mittag gibt es einen **Avocado-Tomaten-Salat**.

Sie benötigen dazu: 1 Ei, 2 Tomaten, 50 g Paprika, 50 g Harzerkäse, ½ Avocado, ½ Zwiebel, 1 TL Bio-Öl, 1 TL Chiasamen, Salz und Pfeffer.

Kochen Sie das Ei und würfeln Sie die Paprika, die Tomaten, den Käse, die Avocado und die Zwiebel. Pellen Sie das hart gekochte Ei und würfeln Sie auch dieses. Für das Dressing vermischen Sie das Öl mit etwas

Wasser und würzen diese Mischung mit Salz und Pfeffer. Geben Sie dieses nun über Ihren Salat.

Auch am Nachmittag dürfen Sie kurze Pausen nicht vergessen. Gehen Sie an die frische Luft, tanken Sie Sonne ein oder machen Sie das, was Ihnen sonst guttut.

Gehen Sie nach dem Feierabend spazieren und lassen Sie Ihren Gedanken freien Lauf. Gehen Sie Ihren Plan für den Tag durch und seien Sie stolz auf das, was Sie geschafft haben. Vor dem Abendessen geht es weiter mit einem HIIT-Work-out, um Ihre restliche Energie loszuwerden und damit Sie sich noch ein Mal richtig auspowern.

Das Abendessen wird eine **Rinder-Wok-Pfanne**. Dazu benötigen Sie: 1 EL Olivenöl, 1 Zwiebel, 1 Knoblauchzehe, 400 g Rinderfilet, 1 gelbe Paprika, Salz, Pfeffer, 1 EL Sojasoße und 2 EL getrocknete Cherrytomaten.

Schneiden Sie die Zwiebel in dünne Ringe und hacken Sie den Knoblauch fein. Schneiden Sie nun die Paprika und das Rinderfilet in dünne Streifen und erhitzen Sie das Öl in der Pfanne. Braten Sie die Zwiebeln und den Knoblauch für 3 Minuten unter ständigem Rühren scharf an und geben Sie nun das Rindfleisch dazu.

Sobald das Fleisch gar gebraten ist, geben Sie die Paprika Streifen dazu und braten weitere 2 bis 3 Minuten. Geben Sie nun die restlichen Zutaten, also die Cherrytomaten und die Sojasoße, dazu und würzen Sie das Ganze gut mit Salz und Pfeffer. Lassen Sie alles unter ständigem Rühren noch ca. 2 Minuten weiter braten, bevor Sie das Essen garnieren.

Schreiben Sie einen neuen Eintrag in Ihr Tagebuch und gehen Sie Ihre To-do-Liste für den nächsten Tag durch, bevor Sie zu Bett gehen.

Tag 5:

Das Frühstück nach Ihrer morgendlichen kalten Dusche werden **Keto-Crepes**.

Dazu benötigen Sie: 100 g Speisequark (40 % Fett), 3 Eier und 15 g Erythrit.

Heizen Sie den Backofen auf 150 Grad Umluft vor und bereiten Sie ein Backblech mit Backpapier vor. Verrühren Sie den Speisequark, die Eier und das Erythrit mit dem Schneebesen zu einer glatten Masse. Geben Sie den Crepes-Teig nun auf das Backblech und verteilen diesen. Der Teig wird nun für 10 Minuten zum Ausbacken in den Ofen gegeben. Schneiden Sie den Teig vor dem Verzehr in kleine Portionen.

Stehen Sie häufiger auf und machen Sie Dehnübungen. Nehmen Sie sich die Zeit zu atmen und trinken Sie genug.

Zum Mittagessen gibt es **Power-Wraps**.

Sie benötigen dazu: 200 g körnigen Frischkäse, 150 g Räucherlachs, 60 g geriebenen Käse, 180 g gefrorenen Rahmspinat und 3 Eier.

Tauen Sie den Spinat auf und geben ihn mit den Eiern und dem Käse in eine Schüssel. Vermengen Sie alles mit einer Gabel und kneten dann alles zu einem Teig. Geben Sie den Teig flach auf ein mit Backpapier ausgelegtes Backblech (Höhe ca. 0,5 cm) und backen diesen bei 180 Grad Ober-/Unterhitze für ca. 15 Minuten. Bestreichen Sie den Wrap vor dem Verzehr mit Frischkäse, belegen ihn mit Lachs und rollen ihn auf. Sie können die Wraps auch in Alufolie verpackt mit zur Arbeit nehmen oder unterwegs essen.

Gönnen Sie sich am Nachmittag einen Besuch in einer Floatingkammer. Diese wird Ihnen helfen, zur Ruhe zu kommen und Ihnen ein neues Gefühl für Ihren Körper vermitteln.

Das Abendessen besteht aus einer **Puten-Spinat-Pfanne.**

Hierfür benötigen Sie: 300 g Putengeschnetzeltes, 600 g Blattspinat, 1 rote Paprika, 30 g Butter, 2 bis 3 Knoblauchzehen, geriebenen Parmesan, Salz und Pfeffer.

Falls es sich um Tiefkühlkost handelt, tauen Sie den Blattspinat auf. Schneiden Sie die Pute in Stücke und würzen Sie diese leicht mit Salz und Pfeffer. Würfeln Sie die Paprika und den Knoblauch. Braten Sie danach die Putenbrust mit wenig Öl scharf an, bis das Fleisch Farbe hat. Stellen Sie die Pute warm und geben Sie den Blattspinat zusammen mit der Butter in die Pfanne, rühren Sie alles um und heben Sie den Knoblauch unter. Geben Sie nun die Pute dazu, verrühren Sie alles und lassen es vor dem Verzehr für 5 Minuten ziehen.

Gehen Sie am Abend Ihrer Routine nach, schreiben Sie in Ihr Tagebuch, machen Sie eine To-do-Liste für den nächsten Tag und entspannen Sie, um optimal zur Ruhe zu kommen.

Tag 6:

Nach Ihrer allmorgendlichen kalten Dusche starten Sie zum Frühstück mit **Low-Carb-Brötchen** in den Tag.

Dazu benötigen Sie: 300 g Quark (20 bis 40 % Fettgehalt), 4 Eier, 15 g Leinsamenmehl, 25 g Flohsamenschalen, 40 g gemahlene Mandeln, 10 g Kokosmehl, 10 g Sonnenblumenkerne, 1 TL Backpulver und 1 Prise Salz.

Fügen Sie alle Zutaten zusammen und kneten Sie daraus einen weichen Teig. Formen Sie danach Ihre Brötchen und geben Sie diese bei 200 Grad Ober-/Unterhitze für ca. 20 Minuten in den Backofen. Sie können die Brötchen mit gequetschter Avocado oder Frischkäse bestreichen oder mit geräuchertem Lachs und Tomaten belegen.

Arbeiten Sie Ihre To-do-Liste ab, so gut Sie können, und vergessen Sie nicht, genügend Pausen einzulegen. Trinken Sie nebenher viel Wasser und machen Sie einige Dehnübungen, um fokussiert und konzentriert zu bleiben.

Zum Mittagessen gibt es eine **Gemüsepfanne**.

Dazu benötigen Sie: 300 g Zucchini, 1 Packung Paprika (rot, gelb und grün), 40 g Frühlingszwiebeln, 200 g Champignons, 2 TL Olivenöl, Oregano, Salz und Pfeffer.

Waschen Sie das Gemüse und schneiden Sie es klein. Erhitzen Sie nun das Öl und geben Sie bis auf die Frühlingszwiebeln alles für ca. 5 bis 10 Minuten in die

Pfanne und braten es auf mittlerer Hitze an. Würzen Sie nun das Gemüse mit Salz, Pfeffer und Oregano und geben Sie die Frühlingszwiebeln dazu. Lassen Sie das Gemüse ca. 5 Minuten lang weiter braten, bevor Sie es servieren. Pro-Tipp: Geben Sie ein wenig Kräuterquark dazu, um den Geschmack aufzupeppen.

Nehmen Sie sich heute nach dem Feierabend mindestens 20 Minuten Zeit für einen Spaziergang in der Natur. Gehen Sie in den Wald oder laufen Sie einen Feldweg entlang.

Versuchen Sie, vor dem Abendessen einige Zeit zu meditieren und Ihren Fokus zu finden. Gehen Sie Ihre Gedanken des Tages noch einmal durch und notieren Sie diese in Ihrem Tagebuch.

Zum Abendessen gibt es eine **Hühnersuppe**, welche nicht nur an Erkältungstagen gut für Sie ist.

Sie benötigen hierzu: 1 Suppenhuhn, 2 Stangen Porree, 5 Karotten, 1 Zwiebel, ½ Knolle Sellerie, 1 Bund frische Petersilie, Salz, Pfeffer und 5 Liter Wasser.

Waschen Sie das Suppenhuhn mit kaltem Wasser und geben es in einen großen Topf. Schälen und schneiden Sie 3 Karotten, die Zwiebel und den Sellerie. Würfeln Sie eine Porreestange und geben Sie alles zu dem Suppenhuhn in den Topf. Füllen Sie nun den Topf mit kaltem Wasser und geben Sie Salz dazu. Lassen Sie alles für ca. 90 Minuten bei mittlerer Hitze köcheln und schöpfen Sie von Zeit zu Zeit mit einer Kelle den Schaum ab. Nehmen Sie danach das Suppenhuhn aus dem Topf und gießen Sie die Suppe durch ein Sieb in einen anderen Topf ab. Entfernen Sie nun das Hähnchenfleisch von den Knochen und der Haut und schneiden Sie es in mundgerechte Stücke. Geben Sie diese nun zurück in die Suppe und schneiden Sie die restlichen 2 Möhren sowie die zweite Porreestange in Würfel. Geben Sie diese zu dem Suppenhuhn und lassen Sie alles für 5 bis 10 Minuten kochen. Schmecken Sie vor dem Verzehr alles mit Salz und Pfeffer ab und garnieren Sie die Suppe mit frischer Petersilie.

Folgen Sie vor dem Zu-Bett-Gehen Ihrer neuen Routine und helfen Sie Ihrem Körper dabei abzuschalten.

Tag 7:

Sobald nach der morgendlichen kalten Dusche die Lebensgeister geweckt sind, geht es mit einem Frühstück in Form von **gebackenen Avocados mit Speck** in den Tag.

Dazu benötigen Sie: 2 Avocados, den Saft einer halben Limette, 200 g Bacon, 1 Prise Salz und 1 Prise Pfeffer.

Vierteln Sie die Avocado und achteln Sie diese dann. Entfernen Sie die Schale und beträufeln Sie die Avocados dann mit dem Limettensaft. Umwickeln Sie die Spalten jeweils mit einem Streifen Bacon und legen Sie diese dann auf ein mit Backpapier ausgelegtes Backblech. Heizen Sie den Backofen auf 200 Grad Ober-/Unterhitze vor und geben Sie das Blech auf der mittleren Schiene für etwa 15 bis 20 Minuten in den Ofen, bis die Bacon-Scheiben knusprig sind. Würzen Sie zum Schluss alles mit Salz und Pfeffer.

Meditieren Sie und nehmen Sie sich Zeit für Ihre Atmung. Kümmern Sie sich um Ihre Hausarbeit, die Familie oder Ihre Freunde. Nutzen Sie den Tag, um Ihrer kreativen Seite freien Lauf zu lassen.

Als Snack zum Mittag gibt es **Möhrenpuffer**.

Dazu benötigen Sie: 3 Möhren (ca. 350 g), 50 g Mehl, 2 EL Speisestärke, Salz, Pfeffer, Paprikapulver, 2 verquirlte Eier, 1 kleine, fein gewürfelte Zwiebel, 1 gepresste oder gehackte Knoblauchzehe, 1 Frühlingszwiebel in dünnen Scheiben, 1 EL Olivenöl, Öl zum Ausbacken (zum Beispiel Rapsöl), Schnittlauch. Für den Dip: Kräuterquark, 1 Limette oder Zitrone, Feta, frische Kräuter.

Schälen Sie die Möhren, entfernen Sie die Enden und reiben Sie die Möhren dann. Pressen Sie die Möhren in den Händen aus, sodass sie nicht mehr feucht sind. Geben Sie das Mehl, die Stärke, die Gewürze, die Eier, die Zwiebel, den Knoblauch, die Frühlingszwiebel und das Olivenöl dazu. Vermengen Sie alles zu einer gleichmäßigen Masse, falls diese zu feucht ist, geben Sie noch etwas Mehl dazu. Erhitzen Sie die Pfanne auf mittlerer Stufe und geben Sie einen gehäuften Esslöffel der Masse flachgedrückt in die Pfanne. Backen Sie diesen Fladen von beiden Seiten je 4 bis 5 Minuten aus und lassen Sie die Puffer danach auf einem Küchenpapier abtropfen. Für den Dip zerbröseln Sie den Feta, pressen die Limette oder Zitrone aus und geben den Saft mit den anderen Zutaten in eine Schüssel und vermengen alles gut.

Nutzen Sie den Nachmittag dafür, aus Ihrer Komfortzone auszubrechen. Gehen Sie hinaus und sprechen Sie mit einem fremden, möglicherweise finden Sie in diesem einen neuen Freund. Beginnen Sie damit, Wörter wie unmöglich aus Ihrem Wortschatz zu verbannen.

Kümmern Sie sich um Ihre Vorstellungen und Ziele, bevor es ans Abendessen geht. Gehen Sie Ihre To-do-Liste durch und seien Sie stolz auf das, was Sie bereits erreicht haben. Schreiben Sie auf, welche Fortschritte Sie bereits gemacht und mit welchen Hacks Sie diese erreicht haben.

Zum Abendessen gibt es ein **Hähnchen-süß-sauer-Gericht**.

Dazu benötigen Sie: 400 g Hähnchenbrustfilet, 200 g Champignons, 150 g Zwiebeln, 2 Paprika (nach Wahl), 1 kleine Dose Pfirsiche (ca. 225 g inklusive Saft), 1 kleine Dose Ananas (ca. 225 g inklusive Saft), 75 ml Tomatenketchup, 30 ml Essig, 50 g Xylit, 1 EL Pflanzencreme zum Braten und 1 TL Johannisbrotkernmehl zum Binden.

Schneiden Sie die Champignons, die Zwiebeln und die Paprika klein. Würfeln Sie die Hähnchenbrust und würzen Sie diese mit Salz und Pfeffer. Erhitzen Sie nun die Pflanzencreme in der Pfanne und geben das Hähnchen dazu, um es scharf anzubraten, bis es braun ist. Geben Sie nun das Gemüse dazu und lassen Sie alles für etwa 8 bis 10 Minuten schmoren. Geben Sie nun den Ketchup, den Essig, das Xylit und das Johannisbrotkernmehl in einen Topf und lassen Sie alles kurz

aufkochen. Schneiden Sie nun die Ananas und die Pfirsiche in Stücke und geben Sie diese zu der Soße dazu,
lassen Sie diese nicht mehr aufkochen. Geben Sie zum
Schluss alles zum Hähnchen dazu und verzehren Sie
Ihre Mahlzeit.

Nutzen Sie Ihre Zeit vor dem Zu-Bett-Gehen, um
Ihre Ziele zu fokussieren und einige Gedächtnisübungen zu machen.

Tag 8:

Nach ihrer allmorgendlichen kalten Dusche hilft Ihnen
ein leichter Smoothie zum Frühstück in den Tag.

Dazu benötigen Sie: 2 EL Haferflocken, 250 g Erdbeeren, 500 g Buttermilch, 2 EL Mandelmus und 2 TL
Honig.

Geben Sie alle Zutaten in einen Mixer und pürieren Sie
diese für etwa 1 Minute auf höchster Stufe. Geben Sie
diesen nun in eine Tasse oder in einen To-go-Becher
und genießen Sie ihn.

Nutzen Sie die Pausen zwischen der Arbeitszeit,
um jeweils 1 bis 2 leichte Dehnübungen zu machen.
Gehen Sie hinaus an die frische Luft, genießen Sie die
Sonne und machen Sie einige Atem- und Meditations-
techniken.

Am Mittag geben Ihnen **marinierte Kirschtomaten** einen Energieschub.

Dazu benötigen Sie: 1 kg Kirschtomaten, 5 EL Olivenöl, 2 EL Balsamico, 1 ½ EL brauner Rohrzucker, Meersalz, Pfeffer und 3 Zweige Rosmarin.

Heizen Sie den Backofen auf 200 Grad Ober-/Unterhitze vor, bei Umluft auf ca. 180 Grad. Waschen, trocknen und halbieren Sie die Tomaten und geben Sie diese auf ein Backblech. Beträufeln Sie nun die halbierten Tomaten mit Olivenöl und Balsamico und bestreuen Sie diese mit dem Zucker. Würzen Sie alles mit Meersalz und Pfeffer, säubern und trocknen Sie den Rosmarin und streifen Sie die Nadeln von zwei Zweigen ab. Diese hacken Sie fein, geben sie über die Tomaten und vermischen Sie alles gut. Nun geben Sie alles für 20 Minuten zum Rösten in den Ofen. Nutzen Sie den übrig gebliebenen Rosmarinzweig zum Garnieren.

Gehen Sie am Nachmittag zu einer Fußpflege, ins Nagelstudio, zum Friseur oder besuchen Sie einen Massagesalon. Tun Sie etwas Gutes für sich selbst und nutzen Sie Ihre freie Zeit, um Erholung zu bekommen.

Vor dem Abendessen starten Sie mit einem HIIT-Work-out und bringen sich selbst ans Limit, damit sich dieses stetig erweitert.

Erholung und Ruhe finden Sie beim Abendessen mit einer **Kichererbsenpfanne + Spinat**.

Dazu benötigen Sie: 1 Glas Kichererbsen (ca. 220 g), 150 g Blattspinat, 200 g Tomaten, 1 Zwiebel, 1 EL Olivenöl, Salz und ½ TL Currypulver.

Lassen Sie die Kichererbsen abtropfen und waschen Sie währenddessen den Spinat und die Tomaten. Schälen Sie nun die Zwiebeln, diese werden danach zusammen mit den Tomaten in Würfel geschnitten. Erhitzen Sie nun das Öl in der Pfanne und braten Sie die Zwiebeln an. Geben Sie dann die Kichererbsen, die Tomaten und den Spinat dazu und dünsten alles kurz an. Zum Schluss würzen Sie alles mit dem Salz und dem Currypulver.

Machen Sie nach dem Abendessen einige Gedächtnisübungen in Form von Rätseln oder lesen Sie ein Buch, bis Sie die Müdigkeit überkommt.

Tag 9:

Ihre Probetage sind fast geschafft. An diesem Morgen holen Sie sich nach Ihrer Dusche zusätzliche Power mit einem **Waffel-Frühstück**.

Dazu benötigen Sie: 50 g Butter, 100 g Magerquark, 4 Eier, 2 EL Rapsöl, 6 EL Eiweißpulver (Vanilleoder Schoko) und 160 g griechischer Joghurt (ca. 8 EL).

Heizen Sie das Waffeleisen vor und lassen Sie die Butter in einem Topf schmelzen. Geben Sie nun den Magerquark, die Eier und das Rapsöl zu der flüssigen Butter in den Topf und verrühren Sie alles gut. Geben Sie zum Schluss das Eiweißpulver dazu und vermischen Sie alles zu einem glatten Teig. Geben Sie den Teig nun in Ihr Waffeleisen und backen Sie diesen aus. Bestreichen Sie die Waffeln mit Joghurt und garnieren Sie diese auf Wunsch mit Granatapfelkernen, Erdbeeren oder einem anderen Obst Ihrer Wahl.

Sie kennen die Routine während der Arbeit nun. Trinken Sie viel, machen Sie Pausen und bewegen Sie sich zwischendurch. Das steigert Ihre Konzentration und Sie fühlen sich besser und fokussierter.

Zum Mittag gibt es als Snack einen **Grillkäse**, welcher Ihnen hilft, einen neuen Energieschub zu bekommen.

Dazu benötigen Sie: 2 Stücke Grillkäse, 1 Paprika (nach Wahl), 1 rote Zwiebel, 1 Knoblauchzehe, Salz, Pfeffer und Rucola.

Schneiden Sie die Paprika in Stücke und die Zwiebel in Ringe. Hacken Sie den Knoblauch fein und erhitzen Sie etwas Öl in der Pfanne. Geben Sie nun den Käse in die Pfanne und braten Sie diesen zusammen mit den Zwiebeln an. Geben Sie nun die Paprika dazu und wenden Sie den Käse. Zum Schluss geben Sie nun noch den Knoblauch in die Pfanne und mischen diesen mit dem Gemüse, schmecken Sie nun alles mit Salz und Pfeffer ab und garnieren Sie alles auf einem Teller.

Machen Sie am Nachmittag einen mindestens 20-minütigen Spaziergang. Sie können durch die Stadt bummeln, in der Natur spazieren oder wandern gehen. Hauptsache ist, Sie bleiben in Bewegung. Um Unterstützung zu bekommen oder um sich selbst zu motivieren, können Sie sich mit jemandem verabreden und ihn einbeziehen. Laden Sie denjenigen danach zu sich zum Essen ein, so haben Sie die Möglichkeit, etwas für Ihr Sozialempfinden zu tun.

Zu Hause angekommen wird zum Abendessen ein **Lachsfilet auf einem Spinatbett** serviert.

Dazu benötigen Sie: 150 g Spinat, 1 Knoblauchzehe, 2 Frühlingszwiebeln, 2 TL Olivenöl, Salz, Pfeffer, Zitronensaft, 150 g Lachsfilet und 2 EL gehacktes Basilikum.

Geben Sie den Spinat mit etwas Salz in einen Topf. Erhitzen Sie diesen und geben Sie den Deckel obendrauf. Lassen Sie den Spinat nun etwa 2 Minuten lang in sich zusammenfallen. Hacken Sie die Knoblauchzehen und schneiden Sie die Frühlingszwiebeln klein. Diese geben Sie nun eine Pfanne, in welcher Sie vorher das Olivenöl erhitzt haben. Braten Sie den Knoblauch und die Frühlingszwiebeln an und geben Sie dann den grob geschnittenen Spinat dazu. Erhitzen Sie alles kurz und würzen Sie es mit Salz, Pfeffer und Zitronensaft. Braten Sie das Lachsfilet in heißem Olivenöl auf beiden Seiten an, salzen und pfeffern Sie dieses. Beträufeln Sie es zum Schluss mit Zitronensaft und richten Sie den Lachs auf dem Spinat an. Nutzen Sie das gehackte Basilikum und einige halbierte Cocktailtomaten zum Garnieren.

Tag 10:

Der letzte Tag Ihres Probelaufs ist nun gekommen. Vor dem Frühstück geht es natürlich wieder unter die kalte Dusche. Motivieren Sie sich selbst, gehen Sie im Kopf Ihre To-do-Liste durch und fokussieren Sie sich auf die wichtigen Dinge.

Der Start in den letzten Tag erleichtert Ihnen ein **vitaminreicher Frühstücksdrink**.

Dazu benötigen Sie: 4 EL Haferflocken (oder andere), 200 bis 300 g saisonales Obst (Äpfel, Beeren), 500 ml Wasser oder Pflanzenmilch und optional 2 bis 3 Datteln, um Ihren Drink zu süßen.

Geben Sie alle Zutaten in einen Mixer und pürieren Sie alles auf höchster Stufe, bis die gewünschte Konsistenz erreicht ist, dies dauert etwa 30 bis 60 Sekunden. Nach Bedarf können Sie noch einen Schuss Wasser oder Pflanzenmilch dazu geben und Ihr Frühstück dann genießen.

Denken Sie an Ihre Routine und bewegen Sie sich öfter, um der Müdigkeit ein Schnippchen zu schlagen und fitter zu sein. Trinken Sie genug und achten Sie auf Ihre Atmung. Machen Sie einige Dehn- oder Fitnessübungen, gehen Sie hinaus in die Sonne und atmen Sie frische Luft. Tun Sie das, was für Sie am besten wirkt.

Das Mittagessen besteht aus einem **Mozzarella-Salat mit frischem Zitrusdressing**.

Dazu benötigen Sie: Blattsalat, 100 g Cherrytomaten, 20 g rote Zwiebeln, 2 Stängel Basilikum, 1 Packung Mozzarella, 20 g Zuckermais aus der Konserve, 2 EL Olivenöl, ½ Zitrone, 20 ml Orangensaft frisch gepresst,

2 Stängel Rosmarin, 1 Knoblauchzehe, 1 TL Ahornsirup, 1 Prise Meersalz und 1 Prise Pfeffer.

Waschen und trocknen Sie die Salatblätter und zupfen Sie diese danach klein. Halbieren Sie nun die Tomaten, waschen Sie die Kräuter und zupfen sie vom Stiel. Schälen Sie die Zwiebeln und schneiden Sie diese dann in Ringe. Lassen Sie nun den Mais abtropfen und schneiden Sie den Mozzarella in Stücke, mischen Sie nun alles in einer Schüssel gut zusammen. Für das Dressing pressen Sie den Saft aus der halben Zitrone. Diesen geben Sie zusammen mit dem Ahornsirup, dem Öl, dem Orangensaft und dem gepressten Knoblauch in eine Schüssel und mischen alles gut durch. Würzen Sie nun die Zutaten Ihres Dressings mit Salz, Pfeffer und Rosmarin. Rühren Sie zum Schluss alles gut durch und geben Sie das Dressing nun über Ihren Salat.

Nutzen Sie den Nachmittag, um Ihre Meditationsfähigkeiten oder Ihre Atemtechnik zu verbessern. Bereiten Sie sich auf ein weiteres HIIT-Work-out vor und trinken Sie genug, um hydriert zu bleiben. Nachdem Sie Ihr HIIT-Work-out beendet haben, bereiten Sie sich für das Abendessen vor und machen sich frisch.

Das Abendessen besteht aus einem **Pestolachs mit Tomaten.**

Dazu benötigen Sie: 35 g Basilikum-Pesto, 2 mittlere Lachsfilets, 30 g Butter und 1 Tomate.

Heizen Sie den Backofen auf 200 Grad Ober-/Unterhitze vor. Waschen und trocknen Sie dann die Tomaten und schneiden Sie diese daraufhin in Scheiben. Legen Sie das Backblech mit Backpapier aus, spülen Sie den Fisch ab, tupfen Sie ihn trocken und legen Sie diesen auf zwei große Stücke Alufolie. Mischen Sie das Basilikum-Pesto zusammen mit der Butter in einer Schüssel, würzen Sie das Lachsfilet mit der Pesto-Mischung und legen Sie die Tomatenscheiben darauf. Falten Sie nun die Alufolie zu Päckchen zusammen und geben Sie diese für ca. 12 Minuten in den Ofen. Sobald der Lachs sich mit der Gabel leicht lösen lässt und glasig ist, ist er durch.

Nutzen Sie vor dem Zu-Bett-Gehen Ihre Zeit und hören Sie gute Musik. Lassen Sie Ihre Gedanken schweifen und schauen Sie auf die letzten 10 Tage zurück. Was haben Sie erreicht und was hat Ihnen geholfen? Was können Sie verändern oder verbessern? Überlegen Sie sich, wie Sie Ihr Leben fortsetzen wollen und welche Ziele es noch zu erreichen gilt. Halten Sie durch und geben Sie nicht auf, auch Sie werden es schaffen.

Herstellung und Verlag:

BoD – Books on Demand, Norderstedt

ISBN: 9783756229925

© Maximilian Reitmeyer 2022

1. Auflage

Kontakt: Psiana eCom UG/ Berumer Str. 44/ 26844 Jemgum

Covergestaltung: Fenna Larsson

Coverfoto: depositphotos.com